W. VANCE · J. VAN HAMME

LÀ OÙ VA L'INDIEN...

XIII

Couleurs: PETRA

DARGAUD
BENELUX

www.dargaud.com

©DARGAUD BENELUX 1985
© 2007 VANCE - VAN HAMME - DARGAUD BENELUX (Dargaud-Lombard s.a.)
TRENTE-ET-UNIÈME ÉDITION
Dépôt légal : d/2005/0086/30 • ISBN 978-2-8712-9001-8
Imprimé en Belgique par Fleurus BD Land

ABE ET SALLY,
UN COUPLE DE RETRAITÉS,
DÉCOUVRENT SUR LE RIVAGE
PROCHE DE LEUR MAISON
LE CORPS INANIMÉ D'UN HOMME BLESSÉ
D'UN COUP DE FEU À LA TEMPE.
AVEC L'AIDE DE MARTHA,
UNE EX-DOCTORESSE DU VOISINAGE,
ILS RÉUSSISSENT À LE SAUVER...

MAIS L'INCONNU NE SE SOUVIENT DE RIEN.
LA BALLE QUI L'A BLESSÉ A DÉTRUIT LA ZONE
"MÉMORIELLE" DE SON CERVEAU: C'EST L'AMNÉSIE
TOTALE. ET IL N'AVAIT SUR LUI AUCUN PAPIER, NI
DOCUMENTS PERSONNELS.
SEUL SIGNE CARACTÉRISTIQUE: UN CHIFFRE,
XIII, TATOUÉ SOUS SA CLAVICULE GAUCHE.

SURVIENNENT ALORS DEUX TUEURS
QUI CHERCHENT À L'ABATTRE APRÈS
AVOIR FROIDEMENT ÉLIMINÉ ABE ET
SALLY. SE DÉCOUVRANT DES RÉFLEXES
DE COMBATTANT AGUERRI, "XIII" PAR-
VIENT À SE DÉBARRASSER D'EUX.
QUI EST-IL ?
POURQUOI VEUT-ON À TOUT PRIX
LE TUER ?

POUR L'IDENTIFIER, LES DEUX TUEURS AVAIENT SUR EUX UNE PHOTO
REPRÉSENTANT "XIII" EN COMPAGNIE D'UNE JEUNE FEMME.
AU VERSO: L'ADRESSE D'UN PHOTOGRAPHE DE EASTOWN, UNE GRANDE
VILLE À 600 KM DE LÀ. "XIII" DÉCIDE DE S'Y RENDRE.

À EASTOWN, IL RÉUSSIT À IDENTIFIER LA JEUNE FEMME COMME ÉTANT
KIM ROWLAND, VEUVE D'UN CERTAIN CAPITAINE ROWLAND. ET IL TROUVE
UN MESSAGE. KIM, ELLE, L'ATTEND "LÀ OÙ VA L'INDIEN".
MAIS UN POLICIER VÉREUX, HEMMINGS, TENTE DE LE FAIRE CHANTER.

IL NE LUI ÉCHAPPE QUE POUR TOMBER ENTRE LES
MAINS DU COLONEL AMOS, CHARGÉ DE L'ENQUÊTE
SUR L'ASSASSINAT DU PRÉSIDENT SHERIDAN
COMMIS QUELQUES MOIS PLUS TÔT.
ET "XIII" REÇOIT LA PREUVE DE L'HORRIBLE VÉRITÉ:
LE MEURTRIER DU PRÉSIDENT, C'EST LUI.

DANS L'IMPOSSIBILITÉ DE NIER
OU D'AVOUER, IL PARVIENT À
S'ENFUIR ET À SE RÉFUGIER
CHEZ MARTHA.
HÉLAS, LES MYSTÉRIEUX TUEURS,
DIRIGÉS PAR LA REDOUTABLE
"MANGOUSTE", L'Y ONT PRÉCÉDÉ.
ET "XIII" DOIT FUIR ENCORE...

RECHERCHÉ PAR LE COLONEL AMOS, TRAQUÉ PAR LES TUEURS DE
LA "MANGOUSTE", "XIII" N'A QU'UN SEUL MOYEN POUR DÉCOUVRIR LA
VÉRITÉ SUR SON IDENTITÉ:
RETROUVER KIM ROWLAND "LÀ OÙ VA L'INDIEN"!...

LE CAPITAINE ROWLAND EST DÉCÉDÉ, MONSIEUR.

IL A ÉTÉ TUÉ EN OPÉRATION, IL Y A UN PEU PLUS DE DEUX ANS. L'HÉLICOPTÈRE QUI L'AVAIT ÉVACUÉ AVEC SES HOMMES A EXPLOSÉ EN PLEIN VOL. PAS DE SURVIVANTS.

AH... J'AVAIS ENTENDU DIRE QU'IL ÉTAIT MORT, EN EFFET...

EN RÉALITÉ, C'EST SA VEUVE QUE J'ESSAIE DE RETROUVER. VOUS POURRIEZ PEUT-ÊTRE ME DONNER LA DERNIÈRE ADRESSE DU CAPITAINE ROWLAND ?

JE REGRETTE MAIS JE N'AI PAS LE DROIT DE FOURNIR CE GENRE DE RENSEIGNE- MENT À UN CIVIL. PAS SANS AUTORISATION, EN TOUT CAS.

VOUS POUVEZ TOUJOURS FAIRE UNE DEMANDE AU MINISTÈRE DE LA DÉFENSE, EN SUIVANT LA VOIE ADMINISTRATIVE.

JE VOIS, OUI. MERCI TOUT DE MÊME, MAJOR.

C'EST INCROYABLE ! IL FAUT ABSOLUMENT TIRER ÇA AU CLAIR...

POSTE DE GARDE ? ICI LE MAJOR CALHOUN. PASSEZ- MOI LE SERGENT, VITE !...

VOILÀ LE CLIENT...

LAISSEZ-VOUS FAIRE SANS HISTOIRES, MON VIEUX, C'EST DANS VOTRE INTÉRÊT.

?!?

MAIS QU'EST-CE QUI VOUS PREND!? QU'EST-CE QUE J'AI FAIT!?

SAIS PAS. VOUS VOUS EXPLIQUEREZ AVEC LE MAJOR. MOI, J'OBÉIS AUX ORDRES.

STOK HUMPFF! PAF! OUCH!

NOM DE...

DÉSOLÉ, SERGENT...

...MAIS J'AI D'AUTRES PROJETS POUR LA JOURNÉE.

!?

??

6

SI VOUS PARLEZ DE LA MANIÈRE DONT M'ONT TRAITÉ VOS MILITAIRES, JE VOUS DONNE ENTIÈREMENT RAISON, GÉNÉRAL.

UNE CHOSE À LA FOIS, M. SMITH. C'EST BIEN LE NOM QUE VOUS AVEZ DONNÉ AU MAJOR CALHOUN, N'EST-CE PAS ? ALAN SMITH ?

UN PATRONYME PARTICULIÈREMENT ORIGINAL, M. SMITH. QU'EN PENSEZ-VOUS, LIEUTENANT JONES ?

JE N'AURAIS PAS TROUVÉ MIEUX, MON GÉNÉRAL.

LE LIEUTENANT JONES EST MON ORDONNANCE PERSONNELLE, MON GARÇON. ACCESSOIREMENT, JE VOUS SIGNALE QU'ELLE EST TOUT À FAIT CAPABLE DE MATER N'IMPORTE QUEL TYPE QUI SE PRENDRAIT POUR UN DUR. MÊME VOUS.

SI VOUS CONTINUEZ SUR CE TON, ON VA POUVOIR VÉRIFIER ÇA TOUT DE SUITE, GÉNÉRAL...

PARCE QUE MOI, ÇA FAIT PLUS DE DIX HEURES QUE VOS PETITS SOLDATS JOUENT À ME POSER DES QUESTIONS ET QUE J'EN AI RAS LES SOURCILS. JE SUIS UN CIVIL, ET VOUS N'AVEZ PAS LE DROIT NI DE M'ARRÊTER SANS MOTIF, NI DE M'INTERROGER !

EXACT, M. SMITH !

VOUS ÊTES UN CIVIL, MAIS VOUS VOUS BATTEZ COMME UN VIEUX PROFESSIONNEL DU CLOSE-COMBAT. CURIEUX, NON ?

VOUS VOUS APPELEZ ALAN SMITH, MAIS VOUS N'AVEZ SUR VOUS AUCUN PAPIER POUR LE PROUVER. ET DE TOUTE MANIÈRE, VOUS SAVEZ QUE C'EST UN FAUX NOM, PUISQUE **VOUS AVEZ PERDU LA MÉMOIRE !**

SUR CE POINT-LÀ AU MOINS, VOUS NE M'AVEZ PAS MENTI. LE MÉDECIN DE LA BASE QUI VOUS A EXAMINÉ EST FORMEL : AMNÉSIE COMPLÈTE DE TOUS LES ÉVÉNEMENTS ANTÉRIEURS À ENVIRON TROIS MOIS. VOUS NE SAVEZ MÊME PLUS QUI VOUS ÊTES, M. SMITH !

AMNÉSIE DE TOUS VOS SOUVENIRS PERSONNELS, MAIS VOUS AVEZ CONSERVÉ VOS RÉFLEXES ACQUIS ET CE QUE LES PSYCHIATRES APPELLENT VOTRE PART DE MÉMOIRE COLLECTIVE.

BIEN ENTENDU, VOUS AVEZ REFUSÉ DE DIRE AU MAJOR CALHOUN CE QUE VOUS AVEZ FAIT DURANT CES TROIS DERNIERS MOIS. MAIS IL EST FACILE DE DEVINER QUE VOUS ESSAYEZ DE DÉCOUVRIR QUI VOUS ÊTES, ET C'EST CE QUI VOUS A AMENÉ ICI.

LE SEUL DOCUMENT QU'ON AIT TROUVÉ SUR VOUS EST CETTE PHOTO. JE VOUS LA RENDS.
ELLE VOUS REPRÉSENTE EN COMPAGNIE D'UNE JEUNE FEMME QUI N'EST AUTRE QUE LA VEUVE DU CAPITAINE ROWLAND. EXACT ?

CE QUE JE NE COMPRENDS PAS, C'EST COMMENT VOUS AVEZ RÉUSSI À IDENTIFIER KIM ROWLAND SANS VOUS IDENTIFIER VOUS-MÊME...

ÇA NE VOUS REGARDE PAS, GÉNÉRAL.

UN PEU TOUT DE MÊME, MON GARÇON. VOUS VOULEZ SAVOIR POURQUOI ? ALLONS-Y POUR UNE PAGE DE NOSTALGIE...

QUAND ON S'EST RETROUVÉS ENLISÉS JUSQU'AU COU DANS CETTE MAUDITE GUERRE, JE N'ÉTAIS ENCORE QUE COLONEL.
LE GQG M'AVAIT CHARGÉ DE CRÉER DES UNITÉS DE GUÉRILLA CAPABLES DE S'INFILTRER DERRIÈRE LES LIGNES ENNEMIES.
ON LES A BAPTISÉES **SPADS**. JE SUPPOSE QUE CE NOM NE VOUS DIT RIEN ?

NON.

SPECIAL ASSAULT DESTROYING SECTIONS. DES TYPES FANTASTIQUES, M. SMITH. SURENTRAÎNÉS, D'UN COURAGE INHUMAIN, CAPABLES CHACUN D'INFLIGER À LUI TOUT SEUL PLUS DE DÉGÂTS À L'ADVERSAIRE QU'UNE FUSÉE PERSHING.

STEVE ROWLAND ÉTAIT LE MEILLEUR D'ENTRE EUX. QUAND J'AI APPRIS QUE L'HÉLICO QUI LE RAMENAIT AVEC SES HOMMES AVAIT EXPLOSÉ EN VOL, JE CROIS BIEN QUE J'AI FAILLI PLEURER POUR LA PREMIÈRE FOIS DE MA VIE...

TRÈS ATTENDRISSANT, GÉNÉRAL. MAIS MOI, C'EST SA VEUVE QUI M'INTÉRESSE.

ÇA VOUS INTÉRESSERA SANS DOUTE ÉGALEMENT DE SAVOIR QUE JE VIENS D'APPRENDRE QUE ROWLAND N'ÉTAIT PAS MORT DANS L'EXPLOSION DE L'HÉLICO.

TANT MIEUX POUR LUI. ET OÙ EST-IL, LE HÉROS RESSUSCITÉ ?

PAS TRÈS LOIN D'ICI, M. SMITH. TOUT PRÈS, MÊME...

EN FAIT, IL SE TROUVE JUSTE DEVANT MOI !

6

LE JOUR OÙ JE T'AI DÉCORÉ ET NOMMÉ CAPITAINE... JE TENAIS ENCORE LA FORME, À L'ÉPOQUE. C'ÉTAIT AVANT QU'ON NE M'EXILE À L'ÉTAT-MAJOR...

LA PHOTO DE STEVE TELLE QU'ELLE FIGURE DANS SON DOSSIER...

??

N° BX 0756917-0

SURN
CHRIS
NATIO
PLACE
RESID
FACE
EYES
HEIGH
SPEC

ET CELLE QUE LE MAJOR CALHOUN A FAIT PRENDRE DE TOI HIER APRÈS-MIDI-

BON DIEU!!

N° S 0790991-8

SURN
CHRIS
NATIO
PLACE
RESID
FACE
EYES
HEIGH
SPEC

TU COMPRENDS À PRÉSENT LA RÉACTION DU MAJOR ET LA MIENNE. MAIS J'AI MIEUX À TE PROPOSER... LA PREUVE ABSOLUE!

LES EMPREINTES DES POUCES DE ROWLAND, TOUJOURS EXTRAITES DU DOSSIER.

LES TIENNES, RELEVÉES DANS LES MÊMES CONDITIONS ET À LA MÊME ÉCHELLE...

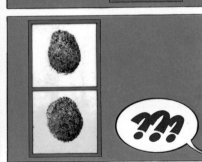

??

VOUS DEVRIEZ TROUVER UNE CHAMBRE POUR LE CAPITAINE ROWLAND, MAJOR. JE CROIS QU'IL A BESOIN DE RESTER SEUL.

EXIT

CALHOUN

U.S. ARMY

STEVE ROWLAND...
CAPITAINE STEVE ROWLAND...
NON, ÇA NE ME DIT
RIEN...

RIEN...
LE MUR BLANC,
TOUJOURS...

RIEN!

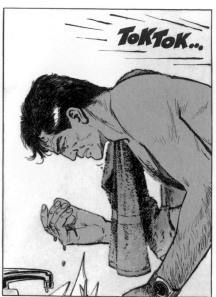

TOK TOK...

UN TREILLIS À VOTRE TAILLE,
CAPITAINE. LE GÉNÉRAL A INSISTÉ
POUR QUE VOUS LE PORTIEZ
DEMAIN.

AH...

APRÈS TOUT
VOUS FAITES TOU-
JOURS PARTIE DE
L'ARMÉE N'EST-CE
PAS? JE LE RANGE
DANS VOTRE
ARMOIRE?

C'EST
ÇA,
OUI.

QUE
FAITES-VOUS,
LIEUTENANT
?...

LE GÉNÉRAL
A ÉGALEMENT
PENSÉ QUE VOUS
NE DEVIEZ PAS
RESTER TROP
SEUL,
CAPITAINE...

QUEL EFFET
ÇA TE FAIT DE TE
RETROUVER EN
TENUE DE
COMBAT?

AUCUN.

JE CROIS QUE JE DONNERAIS BIEN UNE DE MES ÉTOILES POUR SAVOIR COMMENT TU T'ES TIRÉ DE CE DAMNÉ HÉLICO. ET ÉGALEMENT CE QUE TU AS BIEN PU FABRIQUER DEPUIS DEUX ANS.

MOI AUSSI, GÉNÉRAL. APRÈS TOUT, CE SONT VOS ÉTOILES.

JE CONSTATE QUE TON HUMOUR N'A PAS CHANGÉ, ROWLAND. N'EMPÊCHE QUE TU VAS POSER UN SACRÉ PROBLÈME ADMINISTRATIF AU MINISTÈRE DE LA DÉFENSE. UN OFFICIER QUI RÉAPPARAÎT DEUX ANS APRÈS SA MORT OFFICIELLE, ILS N'ONT PAS L'HABITUDE. ÇA TE FERA DEUX ANS D'ARRIÉRÉS DE SOLDE OU DEUX ANS DE TÔLE, AU CHOIX.

MAIS NE T'EN FAIS PAS, J'ARRANGERAI ÇA. QU'EST-CE QUE C'EST QUE CE TATOUAGE QUE TU AS À L'ÉPAULE ? CE CHIFFRE XIII ? TU N'AVAIS PAS ÇA, AVANT.

JE VOIS QUE CE CHER LIEUTENANT JONES A BIEN FAIT SON RAPPORT...

LA RÉPONSE EST : JE N'EN SAIS RIEN. CELA FAIT PARTIE DES CHOSES QUE JE DOIS DÉCOUVRIR.

AMNÉSIQUE OU PAS, TU NE ME DIS PAS TOUT, STEVE.

ÇA SE VOIT COMME UN FURONCLE SUR LA FESSE DE MISS UNIVERS QUE TU AS DES ENNUIS. DES GROS, MÊME. ET MOI, JE PEUX T'AIDER, SI TU VEUX.

TU N'AS PAS CONFIANCE EN MOI, C'EST ÇA ?

DÉSOLÉ, GÉNÉRAL CARRINGTON, MAIS JE N'AI CONFIANCE EN PERSONNE.

TANT PIS, J'AURAI ESSAYÉ. **À VOUS LIEUTENANT !**

??

3.245 HABITANTS, 1 SUPERMARCHÉ, 3 STATIONS-SERVICE, 2 DRUGSTORES, 1 ÉGLISE ET 5 BARS. LA MÉTROPOLE, QUOI !

AUTOUR : 15.000 HECTARES DE TERRE, DONT LA QUASI TOTALITÉ APPARTIENT À VOTRE PÈRE. LES ¾ DES HABITANTS DE SOUTHBURG TRAVAILLENT POUR LUI ET LE DÉTESTENT CORDIALEMENT. ICI, RIEN N'A BEAUCOUP CHANGÉ DEPUIS LE 19e SIÈCLE.

MON PÈRE...

JE NE PARVIENS PAS À ME FAIRE À L'IDÉE D'AVOIR UN PÈRE... UNE FAMILLE...

C'EST POURTANT CE QUI EST ÉCRIT DANS VOTRE DOSSIER, CAPITAINE -

CE QUI ME PLAÎT EN VOUS, JONES, C'EST QUE VOUS AVEZ TOUTES LES QUALITÉS D'UN BON ORDINATEUR : MÊME PRÉCISION, MÊME EFFICACITÉ, MÊME SENSIBILITÉ -

JE PRENDRAI ÇA COMME UN COMPLIMENT, MERCI.

LA MAISON ROWLAND, CAPITAINE. VOTRE MAISON !

PRENEZ CE PETIT CHEMIN SUR LA GAUCHE, LIEUTENANT.

SINGLE LANE KEEP. RIGHT

13

UN BRUSQUE ACCÈS DE TIMIDITÉ, CAPITAINE ?

PRENEZ VOS JUMELLES ET SUIVEZ-MOI !

QUELQUE CHOSE D'ANORMAL ?

PEUT-ÊTRE...

VOUS ÊTES CERTAINE QU'À PART MON PÈRE, PERSONNE N'A ÉTÉ PRÉVENU DE MA... RÉSURRECTION ?

PERSONNE. LE GÉNÉRAL CARRINGTON Y A VEILLÉ LUI-MÊME.

JE ME DEMANDE POURQUOI CETTE DISCRÉTION, D'AILLEURS. DE QUOI – OU DE QUI – AVEZ-VOUS PEUR, ROWLAND ?

CESSEZ D'ESSAYER DE ME TIRER LES VERS DU NEZ, JONES...

LAISSEZ-MOI PLUTÔT RÉCAPITULER. UN : MON PÈRE, JÉRÉMIE ROWLAND, RICHE PROPRIÉTAIRE TERRIEN, EST RESTÉ COMPLÈTEMENT PARALYSÉ DEPUIS L'ACCIDENT DE VOITURE QUI A COÛTÉ LA VIE À MA MÈRE IL Y A SIX ANS.

DEUX : J'ÉTAIS LEUR SEUL ENFANT. MAIS COMME J'ÉTAIS À L'ARMÉE, C'EST LE FRÈRE CADET DE JÉRÉMIE, MON ONCLE MATT, QUI A REPRIS LA GESTION DU DOMAINE. MAIS C'EST JÉRÉMIE QUI RESTE LE PATRON.

TROIS : MON PÈRE S'EST REMARIÉ IL Y A UN AN, DONC APRÈS MA "MORT," AVEC LA NURSE QUI S'OCCUPAIT DE LUI, UNE CERTAINE FELICITY.

CE QUI FERA AU MOINS DEUX PERSONNES PAS PARTICULIÈREMENT RAVIES DE VOIR RÉAPPARAÎTRE L'HÉRITIER ROWLAND MIRACULEUSE-MENT RESSUSCITÉ.

14

ET C'EST ÇA QUI VOUS INQUIÈTE ?

NON. MAIS ÇA ME REND PRUDENT. EN GUISE DE RETOUR AU HOME SWEET HOME, JE VAIS DÉBARQUER DANS UN SACRÉ SAC DE NOEUDS.

POURQUOI EST-IL FAIT SI PEU MENTION DE MA... DE MA FEMME DANS VOTRE SACRÉ DOSSIER ?

KIM ROWLAND ? PARCE QUE NOUS NE SAVONS PRATIQUEMENT RIEN D'ELLE...

VOUS SEMBLEZ AVOIR TOUJOURS ÉTÉ DISCRET À SON SUJET. ET APRÈS L'ANNONCE OFFICIELLE DE VOTRE MORT, ELLE A DISPARU SANS LAISSER D'ADRESSE. ELLE N'A MÊME JAMAIS RÉCLAMÉ LA PENSION DE VEUVE À LAQUELLE ELLE AVAIT DROIT.

AH...

VOUS L'AIMIEZ TANT QUE ÇA ?

COMMENT VOULEZ-VOUS QUE JE LE SACHE !?

JE ME DISAIS AUSSI...

VOUS NE SEMBLEZ PAS TROP RANCUNIÈRE, LIEUTENANT.

LES ORDRES SONT UNE CHOSE, CAPITAINE. LE PLAISIR EN EST UNE AUTRE.

BON, ASSEZ ROUCOULÉ. ON Y VA ?

SI ÇA NE VOUS ENNUIE PAS TROP, JE PRÉFÉRERAIS Y ALLER SEUL. MERCI POUR LA BALADE, LIEUTENANT JONES, ET POUR LE RESTE...

COMME VOUS VOUDREZ. EN CAS DE PÉPIN, VOUS POURREZ TOUJOURS JOINDRE LE GÉNÉRAL OU MOI-MÊME À CE NUMÉRO. IL ÉTAIT SINCÈRE, VOUS SAVEZ.

D'ACCORD. À PROPOS, VOUS NE M'AVEZ MÊME PAS DIT VOTRE PRÉNOM...

LIEUTENANT, CAPITAINE. LIEUTENANT JONES. BONNE CHANCE DANS VOTRE NOUVELLE VIE, STEVE ROWLAND !

15

CA NE PEUT PLUS DURER, MATT...

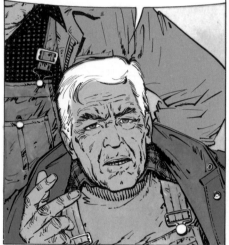

DEPUIS QUE VOUS AVEZ REMPLACÉ LA MOITIÉ DES AGRUMES PAR DE LA PÂTURE À VACHES, Y A PLUS ASSEZ DE TRAVAIL POUR NOUS TOUS. ET V'LÀ QUE MAINTENANT, VOUS DÉCIDEZ DE METTRE LA MOITIÉ DU BLÉ EN JACHÈRE... ON TIENT PLUS LE COUP, MATT...

LA SURPRODUCTION NATIONALE DE BLÉ EST TROP IMPORTANTE, REB. QUANT AUX AGRUMES, ILS DEVIENNENT DE MOINS EN MOINS RENTABLES. C'EST UNE SIMPLE QUESTION DE PRIX DE REVIENT À L'HECTARE.

L'ENNUI, ROWLAND, C'EST QUE **VOTRE** PRIX DE REVIENT, C'EST **NOTRE** BEEFSTEAK.

LAISSEZ-NOUS AU MOINS METTRE EN EXPLOITATION LES 2.000 HECTARES EN FRICHE DE L'AUTRE CÔTÉ DES MARAIS.

MMH MM

C'EST NON.

VOUS N'AVEZ PAS LE DROIT, MATT!

ON CRÈVE DE FAIM, NOUS!

ON EN A ASSEZ, DE LA DICTATURE, ROWLAND!

DOUCEMENT, LES GARS...

Y EN A MARRE DES PARLOTES, REB! J'VAIS LEUR CASSER LA GUEULE, MOI!

MES AMIS, ÉCOUTEZ...

BIEN PARLÉ, CLIVE! ALLEZ, ON CASSE TOUT!

FOUTONS LE FEU À LEUR MAUDITE BARAQUE!

APPELLE LE SHÉRIF, FEU! VITE!

TOI, LE LARBIN, ON T'A ASSEZ ENTENDU!...

QUANT À TOI, LA BELLE GARCE...

BIANGGC

AAAH!

... ÇA F'SAIT LONGTEMPS QUE J'VOULAIS TE PRÉSENTER MES HOMMAGES!

DÉSOLÉ POUR TA MAIN, FERMIER. JE NE DIS PAS QUE TU AVAIS TOUT À FAIT TORT, MAIS IL Y A DES CHOSES QUI NE SE FONT PAS!

21

ON M'A DÉMONTRÉ, EMPREINTES DIGITALES À L'APPUI, QUE JE M'APPELAIS STEVE ROWLAND, EX-CAPITAINE DES UNITÉS SPÉCIALES, OFFICIELLEMENT MORT DEPUIS DEUX ANS. SOIT.

J'IGNORE TOTALEMENT CE QUI S'EST PASSÉ DURANT CES DEUX ANNÉES. ET AUJOURD'HUI, JE ME DÉCOUVRE UNE MAISON, AVEC UN PÈRE ET UNE BELLE-MÈRE TOUTE NEUVE, UN ONCLE ET UNE TANTE, UN JEUNE COUSIN DAVID...

...ET MÊME UNE BRAVE MAGGIE QUI ME FAISAIT, PARAÎT-IL, SAUTER SUR SES GENOUX QUAND J'ÉTAIS PETIT. BREF, J'AI RETROUVÉ MON FOYER. EN TOUTE LOGIQUE, JE DEVRAIS ÊTRE ÉMU. BOULEVERSÉ, MÊME...

MALHEUREUSEMENT, JE N'ÉPROUVE RIEN DE TOUT CELA. RIEN DU TOUT. JE SUIS DÉSOLÉ.

EN FAIT, LA SEULE PERSONNE QUE J'ESPÉRAIS RÉELLEMENT RETROUVER N'EST PAS ICI. ET À PRÉSENT, SI VOUS VOULEZ BIEN M'EXCUSER...

STEVE! ATTENDS-MOI, JE... J'AI QUELQUE CHOSE À TE DIRE...

20

TU VOULAIS PARLER DE KIM, N'EST-CE PAS ? DE TA FEMME ? JE N'AI PAS VOULU ABORDER LE SUJET DEVANT JÉRÉMIE, ÇA LE RENDRAIT... NERVEUX.

POURQUOI ?

TU COMPRENDS, C'EST EN REVENANT DE TON MARIAGE QUE JÉRÉMIE A EU CET ACCIDENT QUI A COÛTÉ LA VIE À TA MÈRE ET QUI L'A... HEU... RÉDUIT À SON ÉTAT. DEPUIS LORS, IL N'A PLUS JAMAIS VOULU ENTENDRE PARLER DE CETTE ... DE TA FEMME.

AH ...

VOUS VOULEZ DIRE QUE KIM N'EST JAMAIS VENUE ICI ?

JAMAIS. ET TOI, TU T'ES ENGAGÉ DANS L'ARMÉE.

LE DESSERT EST SERVI, MESSIEURS.

VOUS NE VOULEZ VRAIMENT PAS RESTER ENCORE UN PEU AVEC NOUS, STEVE ?

NON, MERCI, VRAIMENT PAS.

FICHE-LUI UN PEU LA PAIX, FEL'. TU NE VOIS PAS QUE CE PAUVRE GARÇON VIENT DE SUBIR UN SACRÉ CHOC ?

EN EFFET, OUI. UNE DERNIÈRE CHOSE, ONCLE MATT... ME CONNAISSEZ-VOUS UN AMI INDIEN ?

ÇA M'ÉTONNERAIT...

TU N'ÉTAIS PAS DU GENRE À LES FRÉQUENTER. PAS PLUS QUE LES NÈGRES OU LES MEXICAINS, D'AILLEURS.

JE VOUS ACCOMPAGNE À VOTRE CHAMBRE, STEVE.

À L'EXCEPTION DE MAGGIE, PERSONNE N'Y A PÉNÉTRÉ DEPUIS LE JOUR OÙ VOUS ÊTES PARTI.

TRÈS TOUCHANT.

23

JE COMPRENDS CE QUE VOUS RESSENTEZ, STEVE, ET JE VOUDRAIS TANT...

LAISSEZ TOMBER LE BARATIN, FELICITY. J'AI ENVIE DE RESTER SEUL.

J'ESSAYAIS SIMPLEMENT D'ÊTRE GENTILLE, RIEN DE PLUS.

JE N'EN DOUTE PAS. À PROPOS, POURQUOI UNE FILLE COMME VOUS A-T-ELLE ÉPOUSÉ UN VIEIL HOMME RICHE ET PARALYSÉ ?

PAR GENTILLESSE ?

FILS DE TYRAN LOCAL, MILITAIRE BRAVACHE, ASSASSIN PROBABLE ET RACISTE CONVAINCU, AVEC EN PRIME UNE ÉPOUSE FANTÔME... IL DEVIENT TOUT À FAIT CHOUETTE, LE PORTRAIT DU TYPE QUI VIT DANS MA PEAU !

EN ATTENDANT, HOME SWEET HOME OU PAS, IL NE ME RESTE PLUS QU'À FILER D'ICI AVANT QUE LE COLONEL AMOS OU LES AFFREUX DE LA MANGOUSTE NE ME REMETTENT LA MAIN DESSUS...

MAIS POUR ALLER OÙ, BON DIEU DE BON SANG !? COMMENT VAIS-JE LE DÉNICHER, CE MAUDIT INDIEN DONT PERSONNE N'A ENTENDU PARLER !?

À MOINS QUE... NON, CE SERAIT TROP ÉNORME...

POURQUOI NE M'AS-TU PAS PRÉVENU, FEL' ? TU L'AVAIS APPRIS, TOI, QUE CE PETIT SALAUD ÉTAIT SORTI DE SON TROU.

QU'EST-CE QUE ÇA AURAIT CHANGÉ, QUE JE TE L'AIE DIT OU NON ? TU N'AURAIS PAS ÉTÉ CAPABLE DE JOUER LA COMÉDIE DE LA SURPRISE.

MAIS SON RETOUR FLANQUE TOUT NOTRE PLAN PAR TERRE, NOM D'UN CHIEN !

AU CONTRAIRE, MON CHÉRI, AU CONTRAIRE...

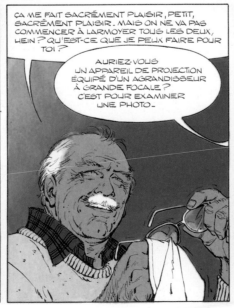

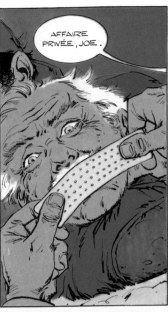

ÇA VA, STEVE ?

ÇA VA, MERCI...

ON SE RETROUVERA, ROWLAND !

ÇA SUFFIT COMME ÇA, CLIVE ! DISPARAIS AVANT QUE JE NE CHANGE D'AVIS.

VOUS LES LAISSEZ FILER ? VOUS ÊTES PLUTÔT COULANT COMME FLIC, NON ?

NOUS SOMMES À LA CAMPAGNE, MR ROWLAND. NOUS AVONS L'HABITUDE DE RÉGLER NOS PROBLÈMES À NOTRE MANIÈRE.

ET D'AILLEURS, JE NE LEUR DONNE PAS TOUT À FAIT TORT, TOUT FILS ROWLAND MIRA-CULÉ QUE VOUS SOYEZ. JE N'AIME PAS VOS MÉTHODES, CAPITAINE. ON N'EST PAS DANS LA JUNGLE, ICI !

ET ÉVITEZ DE VOUS MONTRER EN VILLE PENDANT QUEL-QUES JOURS. DANS VOTRE PROPRE INTÉRÊT.

D'ACCORD, SHÉRIF. ET MERCI TOUT DE MÊME.

MONSIEUR STEVE ...

IL Y A UN MONSIEUR QUI EST VENU POUR VOUS, MONSIEUR STEVE. IL M'A DIT QU'IL VOUS ATTENDRAIT DANS LE PARC, PRÈS DU PETIT ÉTANG.

AH...

ET AUJOURD'HUI, C'EST LA DEUXIÈME. TRÈS BIEN, COLONEL... ARRÊTEZ-MOI ET QU'ON EN FINISSE AVEC CE JEU DE CACHE-CACHE.

JE TE L'AI DÉJÀ DIT, ROWLAND: JE NE SUIS NI UN JUGE, NI UN FLIC. MA MISSION NE CONSISTE PAS À PUNIR LE BRAS, MAIS À DÉCOUVRIR LA TÊTE QUI A ORDONNÉ L'ASSASSINAT DU PRÉSIDENT.

ET VOUS COMPTEZ SUR MOI POUR VOUS Y AIDER!? ALORS QUE JE NE SUIS MÊME PAS CERTAIN DE BIEN SAVOIR QUI JE SUIS MOI-MÊME? COMMENT VOULEZ-VOUS?...

EN RETROUVANT TA FEMME, TOUT SIMPLEMENT.

MA... MA FEMME !?

SI ELLE SE CACHE, C'EST QU'ELLE EN SAIT FORCÉMENT TROP.

MAIS SANS DOUTE IGNORES-TU OÙ ELLE SE CACHE ... JE VAIS T'AIDER: KIM ROWLAND A ÉTÉ APERÇUE IL Y A 3 SEMAINES À MOUNTVILLE, UNE PETITE BOURGADE DU NORD-OUEST. MALHEUREUSEMENT, NOUS AVONS PERDU SA TRACE DEPUIS.

VOUS ESPÉREZ ME VOIR JOUER LE RÔLE D'APPÂT POUR LA FAIRE SORTIR DE SON TROU, C'EST ÇA?

TU AS PARFAITEMENT COMPRIS, NUMÉRO XIII. BIEN ENTENDU, MES HOMMES NE TE LÂCHERONT PLUS D'UNE SEMELLE.

À MOINS QUE TU NE PRÉFÈRES RESTER ICI À ATTENDRE LES TUEURS DE LA MANGOUSTE. JE N'AI PROBABLEMENT QUE QUELQUES HEURES D'AVANCE SUR EUX. À TOI DE CHOISIR.

LA CHAMBRE DE MONSIEUR DAVID? AU DEUXIÈME, MONSIEUR STEVE, LA PORTE DU FOND.

29

31

SALUT, DAVID. JE NE TE DÉRANGE PAS ?

'LUT, STEVE. NON, C'EST O.K. ÇA VA, LA RÉADAPTATION ?

ÇA VA. TU N'AURAIS PAS UN ATLAS, PAR HASARD ? OU UNE CARTE DÉTAILLÉE DU NORD-OUEST ?

MMH... QU'EST-CE QUE TU CHERCHES EXACTEMENT ?

UN LAC QUI SE TROUVERAIT DANS LA RÉGION D'UN PATELIN APPELÉ MOUNTVILLE. DISONS, DANS UN RAYON DE CENT KM...

PAS BESOIN D'ATLAS POUR ÇA. ON N'A QU'À DEMANDER À BIG BROTHER.

BIG BROTHER ?

L'ORDINATEUR DU COLLÈGE. ON EST AU 20e SIÈCLE TU SAIS. BON, J'ENVOIE LE NUMÉRO DE CODE...

EVANS COLLEGE 6614
KEY CODE ACCEPTED

HELLO DAVID
WHAT IS YOUR
QUESTION?

...LAC... CENT KM... MOUNT-VILLE...

IL Y EN A CINQ. LEQUEL VEUX-TU ?

CELUI AU BORD DUQUEL VIVENT DES INDIENS PAWNEES.

O.K., ESSAYONS. INDIENS... PAWNEES...

ANSWER :

OKANAGAN LAKE
FLATHEAD LAKE
KELLOWNEE LAKE

ÇA EN FAIT ENCORE TROIS, STEVE.

!?

30

32

33

VENEZ VITE...
STEVE EST DEVENU FOU...
IL A TUÉ MON MARI ET SON
ONCLE... J'AI RÉUSSI À
L'ASSOMMER, MAIS JE SUIS
BLESSÉE... VITE...

MME ROWLAND ?...

QUE SE PASSE-T-IL ? NE RACCR... TÛT... TÛT...

COURAGE, FELICITY... IL Y A 15.000 HECTARES AU BOUT DE CETTE BALLE...

PLOP

J'AI TOUJOURS PENSÉ QUE LA GUERRE LEUR AVAIT FÊLÉ LE CERVEAU, À CES TYPES DES UNI-TÉS SPÉCIALES. SON PROPRE PÈRE, TU TE RENDS COMPTE !?

ALLO, COLONEL ? VOUS FERIEZ BIEN DE VENIR. ON DIRAIT QU'IL SE PASSE DES CHOSES...

WUIWUIWUIWUIWUI

LÀ! SUR LE TOIT!

PAW PAW PAW PAW

CESSE DE JOUER AU COW-BOY, ROWLAND! POUR TOI, LES CAROTTES SONT CUITES!

PAS CUITES, SHÉRIF... CARBONISÉES! MERCI POUR TOUT, FELICITY...

FLAPFLAPFLAP FLAPFLAPFLAP

BANG PAW BANG PAW

FLAPFLAPFL

?!?

37

RÉVEILLE-TOI, STEVE. NOUS SERONS SUR L'OBJECTIF DANS 10 MINUTES. TU NE VEUX VRAIMENT PAS QUE JONES T'ACCOMPAGNE ?

NON, MERCI - UNE AUTRE FOIS, PEUT-ÊTRE...

COMME TU VOUDRAS. IL FERA JOUR DANS DEUX HEURES. D'APRÈS LA CARTE, LA POINTE NORD DU LAC EST INHABITÉE. JE TE DROPPERAI LÀ, CE SERA PLUS DISCRET. ÇA TE VA ?

TOUT À FAIT.

TU REMARQUES QUE JE NE TE POSE AUCUNE QUESTION...

JE REMARQUE ET J'APPRÉCIE, GÉNÉRAL. MERCI POUR ÇA... COMME POUR LE RESTE.

JE ME FOUS PAS MAL DE SAVOIR POURQUOI LES FLICS TE COURENT AUX FESSES, ROWLAND. CE QUI NOUS LIE, TOI ET MOI, N'A RIEN À VOIR AVEC TOUT ÇA. TU PEUX COMPRENDRE CE GENRE DE CHOSE, MALGRÉ TA CABOCHE EN PASSOIRE ?

JE CROIS, OUI. UN JOUR, J'ESPÈRE POUVOIR TOUT VOUS EXPLIQUER, GÉNÉRAL.

D'ACCORD, FILS, TU SAIS OÙ ME RETROUVER. BONNE CHANCE ET... MERCI. GRÂCE À TOI, PENDANT QUELQUES HEURES J'AI EU DIX ANS DE MOINS.

C'EST ELLE! C'EST LA MAISON DE LA PHOTO! YEPEEE!

DOUCEMENT, MON PETIT VIEUX!... TOUT ÇA SEMBLE UN PEU TROP FACILE. ET COMME TU ES PARTICULIÈREMENT DOUÉ POUR TE FLANQUER DANS LA GUEULE DU LOUP...

LA DEUXIÈME TASSE EST POUR TOI, JAKE...

JE LA METTAIS CHAQUE MATIN. À TOUT HASARD.

KIM?...

OH, JAKE, TU ES LÀ ! J'AI EU TELLEMENT PEUR, TU SAIS... POUR TOI... POUR NOUS...

KIM... JE T'AI ENFIN TROUVÉE...

ÇA FAIT DES SEMAINES QUE JE T'ATTENDS ICI, TERRÉE COMME UNE BÊTE, OSANT À PEINE SORTIR SAUF LES RARES FOIS OÙ JE ME SUIS RISQUÉE JUS-QU'À MOUNTVILLE POUR ACHETER DES PROVISIONS.
JE SAVAIS QUE TU SERAIS LE SEUL À COMPRENDRE MON MESSAGE, PUISQUE C'EST ICI QUE NOUS AVIONS PASSÉ NOTRE PREMIÈRE NUIT, TOUT AU DÉBUT...

CE QUE JE NE POUVAIS PAS SAVOIR, PAR CONTRE, C'ÉTAIT QUE TU AVAIS PERDU LA MÉMOIRE.
ET POURTANT, TU AS QUAND MÊME RÉUSSI À ME RETROUVER.

COMMENT... COMMENT L'AS-TU APPRIS ?

ON M'A AVERTIE, BIEN ENTENDU, ET ON M'A ÉGALE-MENT ORDONNÉ DE ME MÉFIER DE TOI, DORÉNAVANT.

"ON" ? QUI ÇA, "ON" ?

JOUONS CARTES SUR TABLE, JAKE. SI TU N'ES PAS AMNÉSIQUE, TU SAIS FORCÉMENT DE QUI JE PARLE. MAIS SI TU L'ES RÉELLEMENT, JE N'AI PAS LE DROIT DE TE RÉPONDRE. CAR, MALGRÉ TOI, TU ES DEVENU AUSSI DANGE-REUX POUR NOUS QUE POUR LES AUTRES.

?!?

"ON"... "NOUS"... "LES AUTRES"...
J'EN AI ASSEZ DE JOUER AU CHAT ET
À LA SOURIS, KIM! ASSEZ!

ASSEZ!
ASSEZ!

ET D'ABORD, POURQUOI M'APPELLES-TU
JAKE? TU DOIS POURTANT SAVOIR
TOI, QUE CE N'EST PAS MON VRAI
NOM.

BIEN SÛR,
QUE JE SAIS.
MAIS C'EST LE
SEUL SOUS
LEQUEL JE TE
CONNAIS.

COMMENT ÇA, LE SEUL?
NE SUIS-JE PAS... STEVE
ROWLAND?...
TON MARI?...

STEVE
ROWLAND,
LE VRAI, EST
MORT, JAKE.

MORT!??
MAIS... LES EMPREINTES?...
LA RESSEMBLANCE?... MA...
LA FAMILLE ROWLAND?...

OH, JAKE...
TU AS DONC
RÉELLEMENT
TOUT
OUBLIÉ?

VRAIMENT
TOUT?

OUI, J'AI TOUT OUBLIÉ!
TOUT! TOUT! TOUT!
QUI SUIS-JE, ALORS, BON DIEU!?
QUI SUIS-JE!?

OH,
NON...

JE N'EN PEUX PLUS DE JOUER DANS CETTE PIÈCE
DE FOUS, KIM, OU QUEL QUE SOIT TON NOM.
QUI ES-TU RÉELLEMENT? QUI SUIS-JE? AI-JE VRAIMENT
ASSASSINÉ CE PRÉSIDENT? ET POURQUOI? QUELLE
EST CETTE MAUDITE ORGANISATION QUI NOUS A
MARQUÉS À L'ÉPAULE COMME DU BÉTAIL?...

ARRÊTE,
JAKE, JE VAIS
TOUT
T'EXPLIQUER.

43

LE DOSSIER COMPLET DE "SOLEIL NOIR" EST CACHÉ DANS MA CHAMBRE. JE VAIS LE CHERCHER...

BON SANG, ESPÈCE D'IDIOT!...

LA VACHE!

JETTE TON ARME, ROWLAND!...

TU ES EN ÉTAT D'ARRESTATION! **POUR MEURTRE!**

UNE ARME DE PROFES-
SIONNEL, VOTRE HONNEUR.
L'UTILISATION DU SILENCIEUX
PERMETTANT DE SUPPOSER
LA PRÉMÉDITATION.

J'AI RÉUSSI À L'ASSOMMER
AVEC UNE STATUETTE AU
MOMENT OÙ IL ALLAIT ME
TUER À MON TOUR.
IL SEMBLAIT AVOIR PERDU
LA RAISON...

SON PÈRE ET LUI NE
S'ÉTAIENT PLUS VUS DEPUIS
SIX ANS. JÉRÉMIE NE LUI
AVAIT PARDONNÉ NI SON
MARIAGE, NI SON ENGAGE-
MENT À L'ARMÉE.

IL FAIT PARTIE DE LA RACE
DE CES HÉROS, DONT NOTRE
PAYS DEVRAIT ÊTRE FIER.
JE N'AI RIEN D'AUTRE À
AJOUTER.

IL ÉTAIT SI AFFECTUEUX,
QUAND IL ÉTAIT PETIT.
MAIS P'T'ÊTRE QUE CETTE
MAUDITE GUERRE LUI A
RETOURNÉ LES ESPRITS...

UN VRAI SAUVAGE,
M'SIEUR L'JUGE !
REGARDEZ LA CICATRICE
...

IL CHERCHAIT UN LAC PRÈS
DE MOUNTVILLE.
KELLOWNEE LAKE ...

SUR L'AGRANDISSEMENT,
ON VOYAIT UNE PETITE
MAISON SOUS LES SAPINS...

J'AI IMMÉDIATEMENT AVERTI
MON COLLÈGUE DE MOUNT-
VILLE. MAIS NOUS N'AVONS
PAS PU IDENTIFIER SES
COMPLICES DE
L'HÉLICOPTÈRE...

IL TENAIT CE 38 S&W À LA
MAIN QUAND JE L'AI ARRÊTÉ.
J'IGNORE QUI OCCUPAIT
CETTE MAISON..

UN DERNIER TÉMOIN, UN
CERTAIN COLONEL AMOS,
A ÉTÉ CITÉ À COMPARAÎTRE
PAR VOIE DE PRESSE,
VOTRE HONNEUR.
MAIS IL NE S'EST PAS
PRÉSENTÉ.

EH BIEN, NOUS NOUS EN
PASSERONS.
L'ACCUSÉ A-T-IL QUELQUE
CHOSE À DIRE POUR SA
DÉFENSE AVANT L'AUDITION
DU RÉQUISITOIRE ?

45

47

JE SUPPOSE QUE CE SERAIT INUTILE, VOTRE HONNEUR, LE COUP A ÉTÉ TROP BIEN MONTÉ. MAIS JE VOUDRAIS FAIRE UNE DÉCLARATION SUSCEPTIBLE D'INTÉRESSER CERTAINES PERSONNES...

JE NE SUIS PAS STEVE ROWLAND !

QU'EST-CE QUE ÇA VEUT DIRE !?...

IL EST FOU !?

SI PAR CE GENRE DE DÉCLARATION ABSURDE, L'ACCUSÉ ESPÈRE NAÏVEMENT SAUVER SA TÊTE EN PLAIDANT LA FOLIE, IL SE TROMPE. NOUS LE CONSIDÉRONS COMME ENTIÈREMENT RESPONSABLE DE SON ACTE ODIEUX ET REQUÉRONS CONTRE LUI **LA PEINE DE MORT !**

IL EST ÉVIDENT QUE MON MALHEUREUX CLIENT A ÉTÉ DUREMENT MARQUÉ PAR LES SÉQUELLES DE SA GUERRE COURAGEUSE ET QU'IL SOUFFRE NON SEULEMENT D'AMNÉSIE COMPLÈTE, MAIS ÉGALEMENT DE SCHIZOPHRÉNIE ET DE PARANOÏA PROFONDE. NOUS DEMANDONS L'INDULGENCE DU TRIBUNAL...

...RETENANT LA THÈSE DE L'ALIÉNATION MENTALE, LA COUR CONDAMNE L'ACCUSÉ À ÊTRE INTERNÉ **À PERPÉTUITÉ DANS UN ASILE PÉNITENTIAIRE DE HAUTE SURVEILLANCE !**

JUDGE **J. BOWLER**

FIN DE L'ÉPISODE.

W. VANCE - J. VAN HAMME
COLORIAGE : PETRA

48